THE CUTE PETS WANDERN AUS

LAST PART EDITION

FÜR MEINEN EHEMANN

INTRO

DIE KUSCHELTIER — WG DIE CUTE PETS, DAS SIND DIE EHEPAARE X & MICHELLE, IMO & AMBER, ALIEN & ANGELA, MAEHI & ANGELINA, SINGLE KITTY UND DREI EHEMALIGE WG BEWOHNER, WELTWEIT UNTERWEGS FÜR MENSCHEN IN NOT UND BABY LEA SOLO. AUTOREN, SCHAUSPIELER, WISSENSCHAFTLER, AKROBATEN, KÜNSTLER, DESIGNER UND MUSIKER SIND DIE NEUN UND MICHELLE UND IHR EHEMANN X

SIND PLÖTZLICH ELTERN. KIDS, DIE AN WISSENSCHAFT UND FORSCHUNG, ERKENNTNISSE, SOZIALE PROJEKTE UND MUSIK INTERESSIERT SIND, FINDEN BEI DEN CUTE PETS INFOS, DIE ZU EIGENEM FORSCHEN INSPIRIEREN UND VERSTEHEN LERNEN, WIE SIE DIGITALE MEDIEN ALS BASIS NUTZEN KÖNNEN. LEA SOLO, DAS CUTE PETS BABY, IST VON X UND MICHELLE ADOPTIERT WORDEN IM ALTER VON DREI MONATEN.

ÜBER LEA SOLO GIBT ES NATÜRLICH INZWISCHEN JEDE

MENGE BÜCHER UND DIE KLEINE HAT AUCH SCHON IHRE EIGENE KLEINE MODE KOLLEKTION. INZWISCHEN HABEN DIE CUTE PETS AUCH DIE HINTERGRÜNDE ERFAHREN. HAESCHEN, IHR EHEMANN UND SAMMY HABEN IN EINEM KRISENGEBIET IN NAHOST EIN HAUS GEMIETET. PLÖTZLICH HAT EIN KÖRBCHEN VOR DER HAUSTÜRE GESTANDEN, DIE KLEINE LEA SOLO. DIE KLEINE HATTE EIN NAMENSSCHILDCHEN AM ARM UND ES WAREN WINDELN UND ESSEN IM KÖRBCHEN, MEHR NICHT. DIE

BÜROKRATIE WAR ZUM GLÜCK SCHNELL, HAESCHEN HAT LEA SOLO IN IHRE ALTE HEIMAT ZU DEN CUTE PETS IN DIE WG (NACH EINEM LANGEN FLUG) UND MICHELLE UND IHR EHEMANN X HABEN DIE KLEINE ADOPTIERT. DIE MUTTER DER KLEINEN IST EINE KÜNSTLERIN, DEREN MANN IM KRISENGEBIET VERMISST IST. FÜR SIE GIBT ES KEINE UNTERSTÜTZUNG, SIE KANN SICH MIT IHRER KUNST GERADE ERNÄHREN. SIE HAT VON DEN DREI CUTE PETS SAMMY, HAESCHEN UND IHR EHEMANN

DURCH DAS INTERNET ERFAHREN, DASS SIE SEHR SOZIAL ENGAGIERT SIND, DESHALB HAT SIE IHR KIND DEN DREI ANVERTRAUT. HAESCHEN HAT DEN CUTE PETS EINEN BRIEF GESCHRIEBEN MIT DIESEN NEWS, DIE SIE AUF ABENTEUERLICHE WEISE ERFAHREN HAT. UND DANN HEIßT ES ABSCHIEDNEHMEN VON LEA SOLO. LEA HAT EIN STIPENDIUM FÜR FRÜHBEGABTE BEKOMMEN. ES IST DAS EINZIGE INTERNAT, DASS BEREITS KINDER GANZ FRÜH FÖRDERT. BIS ZUM 6. LEBENSJAHR SIND SIE NUR IM

INTERNAT, AB DEM 6. LEBENSJAHR HABEN AUCH SIE SOMMERFERIEN. EIN AUTO HOLT X, MICHELLE UND LEA SOLO AB UND FAHREN IN DIE SCHWEIZ. LEA SOLO HAT SICH INZWISCHEN AN DAS INTERNATSLEBEN GEWÖHNT. WEIHNACHTEN HABEN DIE CUTE PETS ZUSAMMEN MIT LEA VERBRACHT, DIE KLAVIERSPIELEN GELERNT HAT. UND JETZT GIBT'S FÜR DIE CUTE PETS NEUE ABENTEUER ...

DER ANRUF

DIE CUTE PETS SITZEN GERADE BEIM ABENDESSEN, ALS DER ANRUF VON HAESCHEN KOMMT. HAESCHEN, GOOD PET UND SAMMY SIND WEITERGEREIST UND BAUEN EIN ZENTRUM FÜR MENSCHEN AUF, DIE AUS KRISENGEBIETEN KOMMEN UND DESHALB HILFE BRAUCHEN. DIE HILFE IST VOR ORT, DOCH FÜR DEN AUFBAU BRAUCHEN DIE DREI UNTERSTÜTZUNG. AMBER HAT IHRE EIGENE STIFTUNG UND HAESCHEN SPRICHT MIT IHR AM

TELEFON. DAS TELEFONAT DAUERT 10 MINUTEN, AMBER HAT DEN LAUTSPRECHER AN UND ALLE BETEILIGEN SICH AM GESPRÄCH. UND EINS STEHT FEST: DIE CUTE PETS WANDERN AUS – ALIEN KÜMMERT SICH UM DEN SICHEREN TRANSPORT DER TECHNISCHEN GERÄTE. IMO HILFT IHM DABEI. X MUSS LACHEN. ER HATTE VOR, IN DIESEN TAGEN MIT DER PLANUNG DER NÄCHSTEN KONZERTTOUR ZU BEGINNEN. SCHLIEßLICH HABEN DIE CUTE PETS EIN 5. ALBUM HERAUSGEBRACHT. DIE GIRLS

KÜMMERN SICH UM DIE CUTE
PETS FASHION COLLECTION UND
DESIGNS. DANN PACKT JEDER
SEINEN KOFFER — ALLE MÖBEL
BLEIBEN IN DER WOHNUNG. MAEHI
INFORMIERT DEN VERMIETER. ZUM
GLÜCK IST ALLES PROBLEMLOS
IM FLUGZEUG ZU VERSTAUEN UND
BEREITS EINE WOCHE SPÄTER
GEHT'S LOS. NATÜRLICH
INFORMIEREN X UND MICHELLE
DAS INTERNAT. MAILS WERDEN
VERSCHICKT, ES WIRD GEPOSTET
UND GETWITTERT ...

DER FLUG

HAESCHEN HAT IHREN FREUNDEN DEN FLUG GEBUCHT. SIE WIRD IHRE ALTEN WG KAMERADEN AM FLUGHAFEN ABHOLEN. NATÜRLICH IST SAMMY BEGEISTERT, ER HAT NICHT DAMIT GERECHNET, DASS ALLE DIREKT AUFBRECHEN. DER FLUG DAUERT EINIGE STUNDEN – UND ALIEN HAT DAS 5. ALBUM AUF SEIN HANDY GELADEN. DIE CUTE PETS SUMMEN ZU IHREN SONGS ...

CUTE PETS ACTION SONG

LOS MACHT ALLE MIT
LEA SOLO IST SO FIT
MITTENDRIN IST LEA
SIE IST IMMER DA

ACTION IST ANGESAGT
DAS IST KEINE FRAG
MACHT ALLE MIT
DAS IST DER HIT

LOS MACHT ALLE MIT
LEA SOLO IST SO FIT
MITTENDRIN IST LEA

SIE IST IMMER DA.

ZUSAMMEN SINGEN
ACTION BRINGEN
DA IST BEWEGUNG DA
UND LEA SOLO IST JA KLAR

LOS MACHT ALLE MIT
LEA SOLO IST SO FIT
MITTENDRIN IST LEA
SIE IST IMMER DA.

DAS 5.

1. DER LEA SOLO SONG
2. VERSTANDEN
3. MÖGE DIE MACHT MIT DIR SEIN
4. WHAT?
5. ACTION
6. CONTINUED
7. SCHREIBEN

BONUS LEA SOLO BIRTHDAYSONG

2. VERSTANDEN (VON AMBER)

VERSTEHEN   IST   DAS
ZAUBERWORT
ZU HÖREN AN JEDEM ORT
VERSTANDEN MIT VERSTAND
IM GANZEN LAND

3. MÖGE DIE MACHT MIT DIR SEIN (ANGELINA)

DIE MACHT GIBT DIR DIE KRAFT
SEH WAS SIE MACHT
HELFT EINANDER EIN GESETZ
UND ÜBERALL IST RECHT

MÖGE DIE MACHT MIT DIR SEIN
DAS IST FEIN
HELFT EINANDER DAS GESETZ
UND ÜBERALL IST RECHT

4.   WHAT? (KITTY)

WHAT IST DAS
DIE MACHT
ERKLÄR MIR DAS
WHAT IST WAS

5.   ACTION (MAEHI)

ACTION UND FUN
FANG DAMIT AN
MACH ES WIE WIR
WIR ERZÄHLEN ES DIR

6.   CONTINUED (ANGELA)

NOCH NICHT GANZ FERTIG WIR
SIND
MIT UNSEREN LYRIKS
DOCH ICH FIND
MIT EINEM CLICK
TO BE CONTINUED

7. SCHREIBEN (MICHELLE)

DABEI WERD ICH BLEIBEN
IMMER VIEL ZU SCHREIBEN
DIE CUTE PETS ALLE SCHREIBEN
UND MUSIKER BLEIBEN
UND NOCH VIEL MEHR

HÖRT ZU WAS WIR SAGEN
FANGT AN ZU FRAGEN
ANTWORTEN ZU GEBEN
IST DER SINN BEIM REDEN

LEST WAS WIR TUN
HELFT EINANDER IST DER RUHM
DENK DARAN
FANG AN

BONUS

LEA SOLO BIRTHDAY SONG

Heut ist dein Tag
Du hast Geburtstag
Lea du bist nett
ein echter Cute Pet

BESONDERS DANKE ICH MEINEM EHEMANN UND DEN CUTE PETS !

www.ingramcontent.com/pod-product-compliance
Lightning Source LLC
Chambersburg PA
CBHW070251290526
45789CB00004B/1822

* 9 7 8 1 5 4 0 4 6 2 1 9 0 *